인사동에 미치다

인사동에 미치다

2023년 5월 20일 제 1판 인쇄 발행

지 은 이 | 서근석
펴 낸 이 | 박종래
펴 낸 곳 | 도서출판 명성서림
등록번호 | 301-2014-013
주   소 | 04552 서울시 중구 삼일대로8길 17 3~4층
대표전화 | 02)2277-2800
팩   스 | 02)2277-8945
이 메 일 | ms8944@chol.com

값 10,000원
ISBN 979-11-92945-35-4

※ 잘못 만들어진 책은 바꿔드립니다.
　이 책 내용의 일부 또는 전부를 재사용하려면
　반드시 저작권자의 동의를 얻어야 합니다

인사동에 미치다

서근석 지음

서근석 시인은

　우리는 전례 없는 테마를 가지고 시 문학을 마치 인간 회복의 샘물로 삼는 시인에게 주목할 만하다.
　그리고 일상의 삶을 주로 하여 쉬운 언어로 벗에게 말하듯 친근하게 쓴 서정시들 속에 담겨있는 더 깊고 넓은 의미를 올바로 이해해야 할 것 같다.
　일찍이 미국의 민주시인으로 알려진 휘트먼도 '표현상의 단순성이 가장 감동적인 기교'라고 하지 않았던가.

　아울러 시문학의 새로운 가치를 위해 더욱 더 정진하면 더 밀도 짙은 명시들이 나오리라 확신하다. 그리하여 우리 모두 그의 시에서 보람과 희망을 함께 누렸으면 한다.

　　　　　　　　　　문학평론가/중앙대 교수 이 명 재

차례

시인의 말

서평 서근석 시인은

1부 · 인사동에 미치다

인사동에 미치다	16
인사동 꽃 밥에 피다	17
인사동 쌈지길	18
인사동 툇마루	19
인사14길 여자만	20
인사동 경인미술관 웃다	21
인사동 어머니가 직접 구워주신 생산구이	22
그 옛날 인사동에는	24

2부 · 희망이 사는 섬
(KBS-TV에 방영된 시선 6)

섬진강에서	28
천년의 숨결	30
화개동촌의 봄	32
희망이 사는 섬	34
지리산에서	35
천왕봉에서	36

3부 · 1천억 재산이 시 한 줄만 못하다

1천억 재산이 시 한 줄만 못하다　　38
하느님은 있다　　39
오늘　　40
행복　　41
마지막 가는 길　　42
사랑의 함지박　　43
길은 하나　　44
상실의 시대　　45
그다음에 행복이　　46
부족함의 미학　　47
꽃보다 더 고운 것은　　48
학자　　49
하루가 행복해지는 편지　　50
아, 인생　　51
구세군 냄비 옆 못생긴 스님　　52

4부 · 이쯤 해서 길을 잃어야겠다

기적	56
정신적인 사랑	57
신이 내린 선물 '긍정'	58
이쯤 해서 길을 잃어야겠다.	59
그런 사랑	60
에필로그	61
비행기에서 본 저녁노을	62
빛	63
나무는 공부하지 않는다	64
새해	66
어둠 속에서	67
이 가을에	68
신이 준 세 가지 선물	69

5부 · 왜 싸웠나

중용	74
추기경	75
새벽	76
왜 싸웠나	78
섹스	79
내가 제일 부러운 것은	80
기도	81
그 친구	82
공부	83
길 하나 닦았습니다	84
봄비	86
가을비	87
미안합니다	88

6부 · 사람은 참 철없다

사람은 참 철없다	90
내 시도 내 삶도	92
유교는 배려	93
져주자	94
아무리 아파도 잘 가라	95
행운의 시	96
그리고 내 사랑	97
내 마음	98
우리 추기경님	99

7부 · 인생이란 나를 찾아가는 것이다

행복	102
만족	103
인생이란 나를 찾아가는 것이다	104
나는 바람이려나	106
사랑은 없다	107
사랑은 없다	108
유능한 사람 참나무 같은 사람	109
십이월	110
메밀꽃 필 무렵	111
한국의 심장 교보문고	112
커피는 〈시인적〉이다	114
키스는 〈시詩〉이다	116
독산동 까치 떼	118
인사동 '나눔이 천국'	120

1부

인사동에 미치다

인사동에 미치다

사랑의 인사동은
과거도 보이고
미래까지 보이는데
바람만 홀로 보이지 않네.

동트는 그 여명의 시각, 묘시
인사동에서 첫 경험을 하고
삼백예순 날 하루 같이 빠졌었다
세월 지나 여기서 바람이 철나
조금씩 보이기 시작했다

봄 여름 가을 겨울 수없이 지나
아, 마침내 길이 보이고
전통도 보이고 누리까지 보이니
여기 유토피아!
인사동에 미치다

인사동 꽃 밥에 피다

사랑의 인사동
골목길에 들어서니
아름다운 집이 나온다

'꽃 밥에 피다'
푸른 보리와 들국화 닮은
유기농 전문 아지트

국제적 명성과 별을 받은
꿈의 무대를 잊지 못한다

메뉴 하나에 생명을 넣고
아름다운 사람들이
메뉴 하나하나를 설명한다

성실함이 빛난다
*'인간성의 회복'이란 말이
내 머리를 스친다

레스토랑이 인간성의 회복!

여기는 다시 꿈을 꾸게 한다

* 먹는 게 인간의 근본이고 하늘이라 레스토랑을
  '인간성의 회복'이라 부른다.(서근석)

인사동 쌈지길

바람 부는 날 길을 잃어
주머니에 두 손을 넣고 갑니다

'여기가 인사동이지'
생각이 깨어 앞을 보니
불빛 꿈의 쌈지길이 보입니다

여기서 임을 만나고
'인사동 아리랑'도 만났지요
서로 모르는 젊은이들이 만나
감동의 아리랑을 만드니
판타스틱! '인사동 아리랑'

'다정한 길, 사랑의 길'
쌈지의 희망 길에서
위안을 받고 꿈을 꾸며
진시에 미래로 길을 떠납니다

인사동 툇마루

인사동은 예술이 피어나는 곳이다
음식을 예술이라고 세상에 보이는
된장 예술 '툇마루'

먹는 것이 인간의 근본이며
사람들의 하늘일진대
전통의 인사동답게 된장을
예술로 빚어 사람들에게 선사하니
어찌 감동하지 않으랴

'아, 된장 예술이
진정한 인간성의 회복 아닐까'

인사14길 여자만

여기는 꿈을 선사하는
민들레 피는 만남의 무대다

범할 수 없는 남도의 먹거리를
꿈으로 다시 탄생시키는 여자만

'여기 여자만이 들어가나요?'
인사동 개나리 피는 날의 언어
'남자도 됩니다. 여자만은
여자만은 남도의 항구랍니다'

남도의 음식은
나그네 식객에게는 낯설지만
마음과 눈을 즐겁게 해준다
목이 즐겁고 양이 차니
남도 삼백리길 가락이 떠오른다
'길은 외줄기 남도 삼백리
술 익는 마을마다 타는 저녁놀…'

'여자만! 14길 하나의 미학이다'

인사동 경인미술관 웃다

미술관 얼굴이 접시꽃처럼 웃는다
미소는 예술가를 행복하게 한다
아침 햇살이 이슬을 말리듯
미소는 미술의 눈물도 닦아준다

미술관의 미소는 예술가에게
인생을 선사하고 사랑을 베푼다

지난한 예술가에게 꿈을
지나는 나그네의 안식을 준다

미술은 사람의 손과 머리
그리고 마음이 한 몸을 이루는
것인데 그 터를 선사해주니
지난한 예술가들의 사랑 터

미술관 정경이 빛나는 예술이며
꿈꾸는 예인들의 사랑방이다

인사동 어머니가
직접 구워주신 생선구이

태양 아래는 언제나 밝고
어머니 품속은 따뜻하다

'신이 여러 군데 있을 수 없어
어머니를 만들었다'고 한다
우리에게 어머니는 신이며
영원한 고향이 있다면 어머니다

사람은 누구나 어머니 젖을 먹고
어머니가 해주는 밥을 먹고 산다

사랑의 인사동에는 '어머니가 직접
구워주신 생선구이'집이 웃는다

엄마가 생각나는지 손님들이 많다
남녀노소가 어울려 구이를 먹는다

노릇 노릇하게 잘 익은 생선구이에
어머니의 얼굴이 떠올라 사랑을 닮았다.

구이 한 점 막걸리 한 잔에 정이 있고
어머니 품이 있어 떠나기가 힘들다

오늘도 낙엽을 닮은 초로의 벗들이
하늘의 어머니와 함께 구이를 먹는다

'어머니가 직접 구워주신 생선구이' 집
'참 그리운 인사동 모정의 집이다!'

그 옛날 인사동에는

그 옛날 푸른 인사동에는
가난한 예술인과 대학생들
그리고 독립 운동가들도 별처럼 많았었다.

아름다운 미술관들, 신생 mbc방송국과
꿈꾸는 지성의 야간대학 그리고 인근에는
꽃피는 운현궁의 여자대학도 빛을 냈었다
예술의 거리 학문의 거리로
활기가 넘쳤고 낭만도 있었다
독립운동의 길도 놓여 있었다

독립 운동가들의 눈물이 넘쳤고
가난한 예술가들과 대학생 거리로
그 단칸방 꿈을 키웠었다

셋집은 방 하나에 비좁은 부엌을 옆집과
같이 사용하는 예술가와 빈처들로 넘쳐났었다
백석 시인의 애틋한 첫사랑도 이뤄졌었다

가난 속에서도 늘 '희망'들이 길에 넘쳐나
미학의 인산인해를 이뤄 사람들이 빛났었다
가난하지만 희망이 넘치고 낭만적이었던
그들이 바로 눈물의 '국제시장'이리라

인사동은 한성부의 관인방과 대사동의
가운데 글자를 따서 붙여진 지명이다

하늘색 독립운동가 33인의 독립선언서
낭독도 여기 태화관에서 이루어졌고
독립선언서 배부 터와 근처 탑동공원도 있다
민족의 동학운동으로 시작된 천도교당도
불타는 맹세 조선건국동맹 터도 있어
아, 사랑의 인사동은, 인사동은
독립운동의 시작이요 끝이 되기도 했다

인사동에는 언제나 예술과 낭만이 넘쳤고
모국을 위해 헌신한 이 땅의 아름다운 사람들이
별처럼 넘쳐났던 서울의 미학, 중심 터였다

2부

희망이 사는 섬
KBS-1TV에 방영된 시선 6

섬진강에서

작은 옹달샘이 모여
뜻을 이루고 몸을 섞어
마침내 강으로 만난다

슬픔이나 고독이나
거짓도 없이
모두 하나로 꽃을 피운다
문둥이도 개땅쇠도
강에서는 하나가 된다

강에는 '과거'라는 그림자도
못난 사람이 만든 모순덩어리
갈등과 대립의 허상도 없다.
평화와 진실
그리고 정직이 넘칠 뿐이다

혼자서는 건널 수 없는 강

나는 언제나 둘이어야 한다
그러므로
강은 가장 허물없는 벗이다
강을 배워야 한다
강 앞에서 겸손해져야 한다

- KBS TV '맛따라 길따라'에서

천년의 숨결

찬란한 사월에
또 하나의 산을 넘는다
매월당 김시습이 울고 웃고
뜻있는 사람들이 크게 웃은
서라벌의 남산이다
천년 숨결이 아까워
금오산이라 하는가

오늘도 서라벌의 남산은
불상들의 사랑으로 넘친다
화랑이 넘나들던 진달래 길에
우리를 닮은 수많은 불상이
유유히 천년을 지킨다
구름 위에 떠 있는
지나는 행인을 위로하듯
신비롭고 다정한 이웃의 모습이다
문득 아기를 닮은 어린 불상이

따뜻한 손짓을 한다

아,
그래서 '경주를 남산'이라 하는가
남산을 천년 신라의
시작이요 끝이라 하는가

인생의 시작과 끝이라 하는가

- KBS TV '맛따라 길따라'에서

화개동촌의 봄

하얀 눈 위에
칡꽃이 피어난
신비의 그 자리

거기에는
지리산 문화가 발원되고
화개골 전설이 피어났다
장엄하고 동시에 아름다운
신비의 마을 화개동촌
야생화 향기로 봄이 오고
초립동이 글 읽는 소리에
아침이 열린다
금빛 기름진 햇살이 내려오고
버들 꽃 속에 우리 전통이
면면이 흘러흘러 천년

아 화개동촌의 봄은

시작과 끝이 모두 함께 존재한다
내 마음 우리 마음이
모두 거기에 살고 있다

- KBS TV '맛따라 길따라'에서

희망이 사는 섬

섬 중의 섬
아름다운 석모도는
그렇게 시적일 수가 없다

사람들은
순박한 얼굴과
평화의 눈빛을 가졌다
그들은 꺼먼 갯벌에서
푸르른 바다에서
또는 환상적인
금빛 석양 아래서
수많은 희망을 일구어낸다

아, 그 희망이여
섬에서 육지로
연두빛 육지에서
바람 부는 반도로
모두 우리의 마음속으로
끝없이 다가오기를

- KBS TV '맛따라 길따라'에서

지리산에서

깊은 슬픔이 밀려와도
산에 오르면 위안을 얻게 된다

나의 친구여
산을 사랑이라고 누가 말하던가
산을 우정이라고
산을 만남이라고 하던가

친구여
꽃피고 희망 오는
계절의 여왕 5월에
장쾌 무비한 지리산을 넘는다
신비의 지리산은
언제나 그 맑고 깊은 만큼이나
많은 것을 쌓아 가고 있다
사랑도 우정도, 만남도
그리고 푸르른 희망도 쌓아 간다

나와 친구 그리고
역사도 끝없이 쌓아 가고 있다

- KBS TV '맛따라 길따라' 방영 시

천왕봉에서

'1915m,
한국인의 기상
여기에서 발원된다'

꽃피는
5월에도 눈이 오고
3대의 덕을 쌓아야만
아름다운 일출을 보여준다는
지리산의 최고봉 천왕봉

푸르른 하늘까지 높아
뭉게구름이 아래로 흐르고
수 백 리 밖
광주의 무등산도 보여준다

나의 벗이여
그러기에 천왕봉에 오르면
악인도 선한 사람이 된다 하니
아, 나는 보았다
산이 정직이요
곧 스승이라고 것을

- KBS TV '맛따라 길따라' 방영 시

3부

1천억 재산이 시 한 줄만 못하다

1천억 재산이 시 한 줄만 못하다

이 시대의 마지막 열녀
*진향이 한 시인을 사랑하여

'나의 1천억 재산이
*백석의 시 한 줄만 못하다'
며 모두를 세상에 주고
진달래와 함께 떠났다
억겁의 부처님께 시주하고
백석문학상을 헌상하였다

상실의 시대 진향의 사랑이
빛으로 쏟아져 나온다

* 진향 : 기생, 본명 김영한 요정 대원각 사장
* 백석 : 진향이 사랑한 '나와 나타샤'의 시인

하느님은 있다

망각의 짐을 지시고
여명에 동결이 되며
사면 위에 심어진 교황님

'금년에 교황청에도
잘못한 일이 존재하옵니까?'
'있습니다. 추기경들이 이 사람을
교황으로 뽑은 게 제일 큰 잘못이지요'

사랑이란 이런 것
하느님의 영광으로 우리 사랑을
지킨 것이려니
비 오는 오늘 하느님은 있다

오늘

내 모든 근원과 본성이
단 하나의 빛, 오늘에 있다

*우물쭈물 보내는 오늘은
먼저 간 친구가 그렇게
그리워하던 빛의 날이다

홀로 있어도 선하게 장식하고
오늘을 내 것으로 사랑하면
단 하나의 빛이 내게로 온다

* 메모 : 무심코 하루를 그냥 보내다가 문득 자각의 세계로 빠져.

행복

답답할 때
참꽃 같은 아내가 있고
외로울 때
소나무 같은 친구가 옆에 있고
실망스러울 때
푸른 한 권의 책이 있다

아플 때도
참꽃 아내, 소나무 친구,
한 권의 책이 있으니
행복이다

마지막 가는 길

친구는 한때 별처럼 빛났었다
자존심이 소나무처럼 푸르렀다

마지막 가는 길은 가을 길 위에
비 맞은 낙엽처럼 초라하였다
마지막 길을 애통하는 이도
밤까지 함께하는 벗도 없었다

마지막 길에서 머리를 숙였다
우정과 사랑, 벗을 생각하였다

왜 그리 연연했고 매어 있었나
그래 잘 가라. 내 잘못이다

- 동문의 죽음 앞에서 -

사랑의 함지박

파란 새싹이 돋아나던 방배골
아지랑이 맴돌던 어느 날 오후
사랑의 함지박이 하늘에서 내려왔네

아기로 왔다가 그가 어른이 되어
아가의 손을 잡고 아, 다시 찾는
사랑의 함지박

많은 이들에게 맛과 사랑을 주고
문화를 남긴 채 이제 하늘로 돌아가네
빛의 10대 중국집으로 이름을 남기고

사랑의 함지박. 그대 떠나지만
하늘에서, 사거리에서, 사람들 마음에서
영원히 살아있네

안녕 잘 가시게!

* 메모 : 3대에 걸쳐 다니던 명소가 없어지는 곳을 보고
  안타까움을 표현한 시.

길은 하나

바람이 분다
온통 사방에서 거센 바람이 분다
'정의'라는 광풍 속에서
푸른 사람들도 교도소에 가고
세속의 강에는 억울한 사람도 쌓인다

길은 하나,
정의의 강은 천천히 천 년을 간다
좌든 우든 사람 귀한 줄 알아야 한다
반대편도 귀하다

상실의 시대

푸르른 먼 산 같은 벗이
책 냄새 어수선한 *지산재에 떴다

'과거는 부도난 수표
미래는 꿈같은 약속어음
아픈 현재는 현금이란다'

상실의 시대에는
푸시킨도 현실이 되나보다
푸른 하늘이 잿빛으로 변한다
시인의 헛기침이 주변을 돈다
아, 보이지 않는구나!

* 지산재 : 시인 서재 이름

그다음에 행복이

나무가 자라기 위해서
매일 물과 햇빛이 필요하듯이
행복이 자라기 위해서는
감사하는 마음이 필요합니다

내가 가진 것이 부족해 보이는 건
가진 게 없는 게 아니라
만족할 수 없기 때문입니다

지금 적은 내 소유에 감사하고
평범한 일상에도 늘 감사합니다
감사하는 마음이 곧 희망이며
세잎클로버 같은 행복입니다

내 존재의 가벼움은 처음부터 없는 거죠

한 가지의 눈은 하나만 보게 되고
내 무게도 순간에 잃을 수 있습니다

그러므로 작은 일에도 감사해야
희망 그다음에 행복이 옵니다

부족함의 미학

나는 매사에 부족하다

바람에 날리는 낙엽처럼 흔들린다
세상에 완벽한 사람은 없다
언제나 부족하고 늘 흔들린다

부족한 사람들이 모여
아름다운 사랑을 만들고
흔들리는 낙엽들이 쌓여
푸른 동산을 만든다

사람은 부족하기에 행복한 것이다
사람이 완벽하다고 생각하는 순간
사람은 홀로이며 불행해진다
가끔은 하늘을 보며
부족함에 감사하며 미소를 짓는다

아, 사랑 행복 그리고 평화가
부족함 속에 살고 있는 줄 몰랐다

꽃보다 더 고운 것은

꽃보다 더 고운 것은
두서없이 늘어놓는 내 말들을
인내심 있게 끝까지 들어주는
그대의 순수한 우정입니다

꽃보다 더 고운 것은
수없이 많은 내 단점들을
밝은 미소로 끝까지 지켜주는
그대의 순수한 마음입니다

꽃보다 더 고운 것은
안개처럼 사라진 내 꿈들을
다시금 하나씩 찾아주는
그대의 따뜻한 향기입니다

학 자

학문의 바다는 끝이 없으니
늘 노력의 배를 젓고

배움의 길은 한이 없으니
늘 근면을 벗 삼으리

하루가 행복해지는 편지

하느님을 만나는 비법을
고심할 필요는 없습니다

내 주위에 있는 사람들
내가 매일 만나는 사람들
바로 그들과 사랑으로
만나는 것입니다

아, 인생

푸르른 젊은 적 식탁에는
아름다운 꽃병이 놓이더니

회색빛 늙은 날 식탁에는
우중충한 약병만 줄을 선다

아, 인생
생이란 고작 꽃병과 약병
어중간한 그 사이인 것을

왜 그토록 흔들렸을까
왜 그토록 헤매었을까

구세군 냄비 옆 못생긴 스님

입맞춤의 크리스마스이브
찬바람과 함께 구세군 종소리가 울린다
지나는 연인들의 손에서 지폐가 나온다
나도 낡은 지갑을 꺼내며 미소 짓는다

구세군 냄비 옆에 못생긴 스님 하나가
시주 통을 놓고 목탁을 치기 시작했다
종소리와 목탁소리가 오묘하게 퍼진다
지나는 사람들이 하나둘씩 모여든다

한 사람은 구세군에 또 다른 사람은
시주 통에 경쟁적으로 돈을 넣는다
0시를 알리자 스님은 시주 통에서
때 묻은 돈을 꺼내 세기 시작하였다

사람들은 가슴에 총 맞은 표정들이었다
스님은 도둑처럼 주위를 한번 살피더니
그 시줏돈 전부를 구세군 냄비에 넣으며

목탁소리와 함께 '아미타불!'

주위에 환호성과 감동이 모두 모인다
내가 옳고 네가 그름은 중생들의 편견이고
예수님과 부처님의 진리는 하나가 된다

4부

이쯤 해서 길을 잃어야겠다

기적

기적은 물 위를 걷는 것이 아니다
백혈병 환자가 일어나는 게 아니다
*이 순간 푸른 대지를 걷는 게 기적이다
꽃과 나무에 물을 줄 때
그것은 지구 전체에 물을 주는 것이며
꽃보다 더 아름다운 생명을 주는 기적이다

열린 마음으로 호흡하고
이해할 할 수 없는 타인을 존중하고
세상을 긍정적으로 보는 게 기적이다

작은 사랑 작은 배려가 기적이다

* 닉낫한 : 베트남 출신의 승려, 명상가로 현재 프랑스 거주

정신적인 사랑

먼 길 달려 당신 만나러
모든 것 남겨두고 왔습니다
잿빛 하늘 끝을 돌아
당신을 찾아가는 저녁입니다

그대와 나 짧은 인연으로 만나
내 마음은 언제나 쉼 없이 흔들리고
낙엽이 바람에 지던 가을
그대를 그리다 잠 못 이루는 밤
어쩌면 영영 이별이 아닐까 걱정도 하였습니다

인연이라는 단어 하나가
서로를 만나게 합니다
나보다 그대를 먼저 생각하기에
서로를 헤어지게 합니다

그러나 이토록 잊을 수 없는 우리는 누구입니까?
우리는 무엇이어야 합니까?

이제 상한 마음을 안고 당신께 돌아옴은
아, 내 몸은 바람에 눕듯 쓰러져도
그대는 쓰러질 수 없다는 이유 때문입니다

신이 내린 선물 '긍정'

모르는 사람과 먼저 인사를 하고
비난하는 사람에게 먼저 전화를 하는
사람이 더 행복하고 사랑을 받는다

노란 낙엽을 밟으며
행복하다고 생각하는 사람이 행복하고
나쁜 일 좋은 일도
모두 최선이라고 생각하는 사람들이
몸도 마음도 건강해진다

긍정의 힘은 신이 준 선물로
아름다운 기적을 선사한다
'행복을 주고'
'건강을 주고'
'주위에 사람이 많다'

이쯤 해서 길을 잃어야겠다

'이쯤 해서 길을 잃어야겠다'는
가을의 시어가 가슴에 와 닿는다

열두 고갯길 위에 서서 생각하니
더 잃을 것도 없고
바람과 안개의 연속이었는데
무엇을 더 잃겠다는 것인가

길을 잃는다는 것은
다시 길을 찾는다는 것인데
아직도 보이는 건 아무것도 없으니
아직도 보이는 건 아무것도 없으니

그냥 서성대다 가는 것일까

그런 사랑

잔잔한 아침 같은 사랑이 좋습니다
보일 듯 말 듯, 그렇게
가슴으로 느낄 수 있는
바보 같은 사랑이 좋습니다

계속 주기만 하고
작게 받아도 크게 기뻐하는
오직 단 하나 사랑밖에 모르는
가을낙엽처럼 나누는
사랑이 좋습니다

멀리 있어도, 보이지 않아도
언제나 함께 있는 듯
서로에게 힘을 주고
기쁨을 주고
위로를 주는

그런 사랑이 좋습니다

에필로그

'아름다운 세상 소풍 가는 날'
천상병이 남기고 간 유시이다
'아름다운 세상 잘 쉬었다 갑니다'
혼불의 작가 최명희의 마지막 유언이다

정몽주의 '임 향한 일편단심'에서
아름다운 세상으로 변하였다

'아름다운 세상 고맙습니다'
라는 한 마디를 남기고 싶은데

아직도 이처럼 버릴 게 많으니…

비행기에서 본 저녁노을

그리움의 시작, 오후 여섯 시
비행기에서 본 저녁노을은 행복이다
마치 바다가 출렁이는 것 같은 구름 위에
이 세상 모두가 빨갛게 물들어 있다
하얀 눈 위에 불덩어리가 타는 모습이다
시월의 빨간 세상에서 꿈이 피어난다

넋을 잃고 바라보다가 사랑을 생각하고
문득 비행기가 그 육중한 몸을 떨 때
가슴 깊이 떨리는 것은
살아서 숨 쉰다는 또 다른 행복이다

그리운 유토피아는 없다는 서양 언어가
빨간 바람에 날려 멀리 날아가 버린다

비행기에서 본 저녁노을은
환희, 아름다움, 행복
그리고 꿈과 희망으로 가득하였다

빛

기웃기웃
거리의 이방인이 되어
수많은 밤을 헤매어도
보이는 건 하나도 없다

오지 않는 편지를 기다리고
수많은 편지를 바람에 써도
붙이지 못하는 국외자 되니
사방이 모두 바람뿐이다

스치는 바람이 빛일까

나무는 공부도 하지 않는다

나무는 엄마 같은 그리운 존재이다
태어난 그 자리에서 평생을 산다
누구와 싸우지도 않고,
공부도 하지 않는다
그저 태어난 그 자리에서
모든 것을 받아들인다
해, 달, 바람, 구름, 새 그리고 사람까지

오묘하고 찬란한 꽃을 피우며
온갖 푸르름도 선물을 하고
시원한 그늘까지 아낌없이 준다
가을에는 아름다운 오색의 단풍과
겨울에는 흰 눈과 어울려
아름다움과 인간의 상생을 가르친다

나무는 늙거나 죽어서도 빛난다
목재, 종이, 땔감, 모두를 주고 떠난다
목재로 가장 아름다운 집을 짓고
땔감으로 천국의 온도와 밥을 주고

종이로 공부와 그림까지 남긴다
그리고 마지막
떨어지는 잎은 거름이 된다

나무에 답이 있었다

새해

보물인 줄 알고
속 깊이 간직해왔던 것들이
쭉정이인 것을 알았을 때
느끼는 실망을, 아는가?

눈 내리는 새해 아침에
나는 기꺼이 버리기로 했다
수없이 갈등하고 다투던
미망으로부터 떠나기로 했다
실망, 웃으며 떠나기로 했다

빛이 되는 곳에서
다시 한번 웃을 수 있을까

어둠 속에서

나는 여름을 사랑한다
여름 중에서도 태양이 이글이글 타오르는
한낮을 좋아한다
그 한낮을 맞게 되면 빈 구석이라고는
전혀 찾아볼 수 없는
그래서 만월 그대로의 충족감으로 내게 다가온다
집의 사진이 원형 그대로 찍히기에 사랑하게 된다

여름이 아무의 갈채가 없어도
나는 수많은 갈채에 싸여있음을 느낀다
그래서 나는 더위에 승자가 되어 이글거리는 태양을
등 뒤에 두고 혼자서 좋아하고
혼자서 바보처럼 우쭐거리며 산다

적을 이겨낸 꼭 그러한 기분인 체
오늘도 미래, 나의 집을 찾아 떠난다

이 가을에

비오는 가을날 잎이
여기 포도 위에 떨어져 내린다.
세월이 나뭇잎으로 떨어져 내리고
지금은 돌아오지 않는 하늘의 비,
비가 내린다

너를 바라보기보다는
나를 지켜야 한다는 이유 때문에
가을은 하나의 약속된
화려한 시간이다

가을비 내리고
너와 내가 낙엽처럼 떨어져
우리는 모두 바람으로 남는다

신이 준 세 가지 선물

웃음은 우리를 행복하게 한다
웃음은 우리를 푸르게 만든다
아침 햇살이 이슬을 녹이듯
웃음은 사람의 눈물을 없애준다

꽃피는 병원에서도 웃음치료가
신비로 가득 찬 과학이 된다
북악산 기슭에서 *대통령 주치의가
웃음은 부작용이 전혀 없는
일등 암 치료제라고 시그널을 보낸다

잔인한 사월에도 웃음은 혈액순환을 돕고
계절의 여왕 오월에는 산소공급을 원활하게 한다
축제의 유월, 웃음은 소화를 잘되게 하고
소나기철 칠월에는 면역세포까지 증가시킨다
어디론가 떠나는 휴가철 팔월이 와도
웃음은 백여 개의 근육을 움직여 강화해주고
가을의 문턱 구월에도 내장을 튼튼하게 한다
찬란한 가을의 한복판에서 웃음은
콜레스테롤 수치까지 낮추니

아, 신이 준 첫 번째 선물이 웃음이다

신이 준 두 번째 선물은 긍정의 힘이다
긍정을 무지개라고 한 *토인비는
'긍정은 자신감, 부정적 사고는 열등감'
'부정적인 사고는 식민지 잔재'라 하였다
긍정은 감기에서 치명적인 암까지
많은 기적을 우리에게 선사하고 있다
*주디스는 '긍정은 기적, 부정적인 사고는
흡혈귀'라는 과학적 근거를 낸다

밝고 좋은 쪽으로 봐야 행복하리라

하얀 눈을 닮은 긍정적인 사고는
우리에게 행복을 주고
건강을 선사하고
주위에 사람이 많다고
미술을 닮은 심리학에서 밝혔다

그리고 신이 준 마지막은
기다림의 끝인 '사랑'이다
*가장 아름다운 우리말은 사랑이다
가장 아름다운 한 글자는 '너'이고
가장 아름다운 두 글자는 '사랑'이고
가장 아름다운 세 글자는 '사랑해'이며
가장 아름다운 여섯 글자는
'그대를 사랑해'이다

사랑은 그냥 무작정 내린 아름다운 간이역
사랑은 어둔 밤에 켠 램프의 아름다운 빛
이 세상에서 소중한 것은 오직 사랑이다

시랑은 실천하기 쉽고 벗에게 말하듯 한다면
'사랑은 주위를 편하게 하는 것'이리라

* 대통령 주치의 고창순
* 토인비 : 영국의 역사학자
* 주디스 : 미국의 의사, '긍정의 힘'저자
* 가장 아름다운 말 1위 사랑, 2위 어머니, 3위 행복
               4위 고맙습니다 〈2006한국일보 조사〉

5부

왜 싸웠나

중용

쇠처럼 너무 강하지 말며 너무 약해지지도 말고
새처럼 너무 가볍지 말며 너무 힘주지도 말고
너무나 똑똑하지도 말며 너무 어리석지도 말라

혼자서 너무 떠들지 말며 너무 조용하지도 말고
꽃처럼 너무 나서지 말며 너무 물러서지도 말고
귀족처럼 거만하지 말며 너무 겸손하지도 말라

* 중용中庸 : 모자람이나 넘침이 없고, 더하거나 덜함이 없는
  말 그대로 편안함을 말함. 중국 4서의 하나.
  － 서근석의 '재미있는 중용에서' －

추기경

오색 단풍이 찬란한 그 가을 날
85세의 추기경이 가장 아름다운
단풍이 되어 내 앞에 다가왔다
*제가 잘났으면 얼마나 잘났고
알면 얼마나 알겠습니까?
평생 안다고 나대고,
평생 대접받기를 원했으니
제가 제일 바보처럼 산 것 같군요

굽이굽이 인생의 산을 넘어가는
어디서나 잘난 체, 아는 체하는
나에게 떨어지는 고운 단풍이다

나는 언제 거기까지 갈 것인가?

* 2007. 10월 김수환 추기경이 자신의 모교에서 자신의 삶을
  매우 진솔하게 회고한 것.

새벽

님은 우리에게 여러 번 왔습니다
한 손에 사랑과
또 한 손에 참삶을 가지고
찬란한 봄에도 가을에도
알기 쉬운 모습으로 왔습니다

님은 그때마다 무엇이든지 주려 하였고
우리에게 골고루 나눠려 하였습니다
참삶과 사랑, 가슴까지
그리고 마지막 숨결까지도
님은 조금도 아끼려 하지 않았습니다

그러나 바람과 미몽의
노래 가득한 이 땅에서는 아무도
님을 만나려 하지 않았습니다
님은 모두를 주려 했지만
받을 사람이 없었습니다

님은 마침내 노점상이 되었습니다
사람이 가장 많이 오가는 길가에서

광명한 새벽이 몰고 오는
참삶과 사랑, 그리고 자유
그 모두를 펴놓았습니다

그러나 지나는 사람마다
한결같이 새처럼 말했습니다
"이것은 다 내 것만 못해"

왜 싸웠나

풀잎에 맺힌 이슬방울 떨어지는 찰나에
한 생애가 지나간다

꽃잎이 눈송이처럼 떨어지는 순간에
또 다른 생애가 지나간다

나를 모르고 너를 모르는 혼미 속에
생애들이 바람처럼 사라진다

한순간 허무한 한 생애인데
왜 싸웠나

섹스Sex

섹스는 현대인의 상처를 치유해준다
섹스는 정신과 육체를 결합시키고
상류층과 하류층의 경계를 허문다
고장 나고 파괴된 문명을 치유해준다

봄, 여름, 가을 그리고 겨울
언제나 인간의 상처를 치유해준다

내가 제일 부러운 것은

내가 제일 부러운 것은
세상에서 제일 큰 부자가 아닙니다
세상에서 제일 좋은 집도 아닙니다
세상에서 제일 큰 지식도 아닙니다
세상에서 제일 큰 출세도 아닙니다

내가 제일 부러운 것은
하늘에서 뚝 떨어진 고아랍니다

천애고아라면 자존심이란 겉치레가 없고
교양이란 위선도 버릴 수 있습니다
허영과 과시 자랑도 없기에 부럽습니다

고아가 주는 자유가 좋기 때문입니다
조용하게 오는 사랑이 있기에 좋습니다

기도

의미가 살아 숨 쉬고
재미있어 남에게 기쁨을 주고
내가 잘할 수 있는 일을 주소서
그리고 노력하는 마음을 주소서

*피와 눈물 그리고 땀을 주소서

* 피: 용기, 눈물: 정성, 땀: 노력

그 친구

지나다 문득 달을 보니 사랑이라는 말보다
친구라는 말이 어울리는 사람이 생각납니다

문득 사람이 그리워질 때
가장 먼저 떠올라 전화를 하고
술 한잔하고 싶은 날 부담 없이 전화해도
반갑게 맞아주었을 친구가 생각납니다

삶이라는 굴레에서 꿋꿋이 제 길을 가면서도
서로를 위한 시간을 비워두는 친구가 생각납니다

늘 진실을 안고 아무런 말 없이 기다려주는
나무 같은 친구, 강물 같은 친구
내 마음에만 있는 그 친구가 그립습니다

공부

공부는 내 곁의 희망을 찾고
인내의 마을로 이사하는 것이다

공부에는 높은 품격이 존재하고
화폐보다도 더 값어치가 있다
사람이 세상에 태어나서
공부하지 않고서는 사람다울 수가 없다

사람은 그 공부를 만들고
공부는 사람을 만들어준다

정이 있고 길이 있고 예도 있다

길 하나 닦았습니다

희망의 봄을 맞는 날 길을 잃었습니다
무얼 어디서 잃었는지 몰라 돌처럼 답답할 때
두 손을 주머니에 넣고 더듬어 나아갑니다
풀 한 포기 없는 이 길을 걷는 것은
담 저쪽에 그가 남아있는 것을 알기 때문이며
그가 사는 것은 잃은 것을 찾는 까닭입니다

서울의 화려함을 뒤에 남기고 고향으로 갑니다
앞집 뒷집 모두가 서울로 떠날 때 찾은 고향입니다
고향에서 선대에 걸쳐 2대, 서점경영에 살며
살을 깎는 아픔에서 두 권의 책이 탄생됩니다
서점 2대, 두 권의 책으로 마침내 길하나 찾았습니다

아름다운 고향의 산과 구름, 넘치는 인정 속에서
누가 지나갔을 갈림길에서 다시 길을 닦았습니다
잃은 것을 찾고 그 얻은 것으로 닦은 것입니다

서형달, 그를 바라보면 고향이 보입니다
서형달이 지역사회의 작은 빛이고 고향입니다
서울의 대학교에서 학사 석사를 받아도

그는 영원한 양반, 어수룩한 충청도 사람입니다

호랑이해 그 봄의 길목에서 서형달!
그가 우리가 가야할 길하나 닦았습니다

- 2010. 2월 벗 서형달님 출판기념회 축시 -

봄비

봄비가 옵니다
다정한 친구처럼 비가 옵니다
밤은 고요히 깃을 내리고
비는 뜰 위에서 속삭입니다

봄비가 옵니다
다정한 비가 너와 나를 섞어
진달래처럼 곱게 피어납니다

비는 복사꽃 같은 사랑을
언제나 선사합니다

가을비

가을비가
소녀의 눈물처럼 고독하게 내린다
비야 비야 가을비야
오늘 오후 내 마음도 가져가

미안합니다

세상을 바꾸는 말 한마디
'미안합니다'
미안함을 모르는 사람에게
먼저 미안하다고 말하는 임,

간이역 의자에 앉아 기다리다가
옷깃만 스쳐도 '미안합니다'
오지 않는 사람을 기다리면서
무심코 한 마디 '미안합니다'

세상을 바꾸는 한 마디가
고독한 간이역 의자에서
아, 잠을…

6부

사람은 참 철없다

사람은 참 철없다

푸르른 학창시절에는
회색빛 어른이 되기를 바라지만
빛 같은 세월, 어른이 되어서는
다시 푸르른 시절을 꿈꾼다

봄가을 지나 힘 빠지고 눈까지 흐려지면
빛바랜 돈을 병원과 약국에 바치고
늙고 병드는 허무만 쌓인다
백발노인이 되어서도
희로애락을 버리지 못하니
눈을 감는 날까지 철이 들지 않는다
*103세의 철학 교수도
'난 아직 철이 들지 못했다' 라고 하니
사람은 철이 들지 못한 채 가는 거 같다

새해 다정한 벗에게 편지도 왔다
'젊은 시절 식탁에는 꽃병이 쌓이더니
늙은이 식탁에는 철은 안 나고 약병만 쌓인다'

아, 사람은 참 철없다

* 철학자 김형석 교수

내 시도 내 삶도

연두에서 초록으로 가는
그 찬란한 봄날, 벗의 소식이 도착하였다

- 아껴 쓰면 20년
  대충 쓰면 10년
  아차하면 5년
  까딱하면 순간
  우리 남은 삶이네
  삶은 하늘이 주신 것이고
  행복은 내가 만들어 가는 것이니
  오늘도 행복을 만드시게 -

그래 내 삶도 내 시詩도 닮아간다

유교는 배려

사람이 진실하게 살아야
인생이 평탄해진다
진실함 속에서
서로를 배려하는 마음이
좋은 인생을 만들 수 있다
배려하는 마음이 최고의 삶이다

봄날 유학자 윤사순은
'유교는 배려'라고 하였다

져주자

봄날 사랑을 이기려 하면
겨울 이별이요, 원망 뿐이고
마음에 남는 건 상처밖에 더 있으랴

봄날 우정을 이기려 하면
겨울 냉소요, 불신 뿐이고
마음에 남는 건 외로움밖에 더 있으랴

봄날 세상을 이기려 하면
겨울 불신이요, 욕 뿐이고
남는 건 아픈 실패밖에 더 있으랴

'최고는 없다.'니까 다음이 아닐까?

아무리 아파도 잘 가라

어김없이 월요일은 오고
살아있는 동안에
뭔가를 남겨야 하는데
속절없이 시간만 가네

그래 잘 가라 내 인생
사랑이여 시여
아무리 아파도 잘 가라

행운의 시

님은 늘 푸른 소나무처럼
높고 맑고 푸르러라
내 그대를 바라보고 있노라면
슬픔은 내게서 멀리 사라지고
그대의 손에 내 손을 잡고
기도하고픈 마음이 간절하여라
하느님이 진실로 당신을 도와주기를

소나무처럼 더 높고 더 맑고
더 푸르러지기를

그리고 내 사랑

하얀 눈이 내린다.
내 마음속으로 내린다
바람의 아들인가
자아의 동반자인가
하얀 눈
그리고 내 사랑

그 속에서 생몰生沒하고 싶다

내 마음

고마워
창밖을 보니
오색의 단풍이
눈부시게 아름답네

눈부신 가을 같은
마음이면 좋으련만

거기에 가지를 못하네
그래 잘 가라 내 청춘

우리 추기경님

낙엽에 지쳐
옛 추억이 생각날 때
*추기경님의 '잊혀진 계절'
'지금도 기억하고 있어요
시월의 마지막 밤을…'
낙엽 하나가 떨어지듯
세상으로 퍼져 나간다

'추기경님!
5개 국어를 붉은 사과처럼
맛있고 유창하게 하신다면서요?'

'난 5개 국어보다
거짓말을 제일 잘합니다'

추기경님! 우리 추기경님!

* 추기경 : 김수한

7부

인생이란 나를 찾아가는 것이다

행복

행복은 재산이 많고
명예도 큰 게 아니고
조금은 부족함에서 옵니다

먹고 사는 데 지장 없고
조금 부족한 듯한 재산
사람들이 조금만 알아주는 명예
사람들이 조금만 알아주는 용모

행복은 조금 부족한 부분을
채우기 위해 노력하는 삶 속에서
따뜻한 봄 햇살처럼 옵니다

만족

만족할 줄 알면 그게 신선이다

만족이란 놈 꼭 양파처럼 생겼다
알맹이를 찾으려고 껍질을 까니
알맹이는 안 나오고 껍질만 나온다
까도 까도 알맹이는 없고 껍질뿐이다

인생은 결코 만족은 없고 바람뿐이다

인생이란 나를 찾아가는 것이다

삶이란 참으로 복잡하고 아슬아슬합니다
걱정이 없는 날이 없고
부족함을 느끼지 않는 날이 없으니까요
어느 것 하나 결정하거나 결심하는 것도 쉽지 않습니다
내일을 알 수 없어 늘 흔들리기 때문이지요

말로는 쉽게 "행복하다" 또는 "기쁘다"라고 말할 수는 있지만
누구에게나 힘든 일은 있기 마련입니다
예술의 동네 프랑스에서는
'어느 집에나 해골 하나를 가지고 있다'라고 하였습니다

얼마만큼 행복하고 어느 정도 기쁘게 살아가고 있는지
알 수는 없지만, 그저 모두 힘들고 바쁩니다
왜 그렇게 열심히 어디를 향해,
무엇 때문에 바쁘게 가는 건지 모를 일입니다
결국 인생은 내가 나를 찾아갈 뿐인데 말입니다

고통 갈등 불안 등은
모두 나를 찾기까지의 과정에서 만나는 것들입니다
나를 만나기 위함이 이렇게 힘든 것입니다
나를 찾은 그 날부터 삶은 고통에서 기쁨으로
좌절에서 열정으로 복잡함에서 단순함으로
불안에서 평안으로 바뀝니다
이것이야말로 각자의 인생에서 만나는
가장 극적이 순간이요, 가장 큰 기쁨입니다

몸에 맞지 않는 옷을 입으면 불편하듯이
아무리 멋진 풍경도
마음이 다른데 있으면 눈에 들어오지 않듯이
내가 아닌 남의 삶을 살고 있으면 늘 불안합니다

나를 먼저 돌아보세요
내가 보일 때 행복과 기쁨도 찾아옵니다

나는 바람이려나

꽃 떨어진 길을 봄바람이 걷는데
젖은 진달래 벚꽃들이 발을 맞는다
그 찬란한 꽃들이 발밑에서 슬프다
꽃들의 초라함은 인생을 닮은 건가

미당 시인은 자신의 삶을
'바람이 9할 나머지 1할'이라고 했는데
나는 10퍼센트라도 되겠는가?

나의 길은 10퍼센트를 향하는 바람이려나

사랑은 없다

결혼은
창가 옆의 새장과 같다.
밖에 있는 새들은 필사적으로
새장 안으로 들어가려 하고
안에 있는 새들은
한사코 밖으로 나가려 한다

환상 뿐이다

사랑은 없다

그대는 물었다
사랑이 무엇인가를

그건
'그건 자욱한 안개 속에
 비치는 바람'이다

유능한 사람 참나무 같은 사람

생의 진정 아름다운 꽃은
자신이 피워야 살아있는 겁니다

잘 나가는 개척자 미국인
성실의 대명사 독일인들은
아버지가 재산을 나눠준다 해도
참나무를 닮아 거절을 합니다

'아버지가 제게 재산을 주시면
그 재산 위에 무엇을 이룬다 해도
그것은 분명 제 것이 아닙니다
제 인생의 모두는 제가 이루겠으니
아버지가 이루신 것 모두는
사회를 위해 내놓으십시오'

바람이 9할인 나는 언제 철나려나

십이월

한 해의 시간들이 얼어붙는다
아쉬움의 바람이 분다
12월은 빙하처럼
아쉬움을 결정한다

차가우면서도 아쉬움의 달
차라리 아름다운 기대와 같다
1월의 기대와 준비가 서 있다
새벽을 깨우며
근심과 불안을 지워버린다
12월은 선택이 없는 희망

끝없이 피어나야 한다
끝없이 피어나야 한다

메밀꽃 필 무렵

하늘은
왜 이처럼 높고 푸른가
가을만 오면 눈물이 난다

이효석의
메밀꽃 필 무렵 하나 달랑 들고
열흘이 넘도록 메밀꽃을 찾았다
메밀꽃을 만나는 순간
차라리 눈을 감아 버렸다

*산허리는 온통 메밀밭이어서
 피기 시작한 꽃들이
 마치 하얀 소금을 뿌린 듯
 그 흐뭇한 달빛에
 숨이 막힐 지경이다

모든 마음이
메밀꽃처럼 하얗으면

* 이효석의 메밀꽃 필 무렵

한국의 심장 교보문고

나는 우울할 때 파란 하늘을 보고
사랑의 교보문고를 걷는다
그리고 교보를 나의, 나의 길이며
'한국의 심장'이라 생각한다

교보문고는 우리 정신의 밥이다
이곳은 '사람은 책을 만들고
책은 사람을 만든다'라는
진리의 깃발을 높이 든다

밥은 사람들에게 노래한다
'한 달의 한 권은 꼭 책을 읽으라고'
우리 밥의 노래를 들으며 문득
프랑스 파리지앵의 말이 떠오른다

'지하철에서 책을 읽는 사람들이
그렇게 많아 늘 놀래고 부럽다'

누리를 꿈꾸는 한국 지하철에도
그렇게 책 읽는 모습을 기대해보며
핸드폰 홍수 속에서 홀로 책을 펴든다

책 속에 밥이 있고 길이 있기에

그리고 난 언제나처럼
'한국의 심장 교보문고' 속에서
다시 꿈을 꾸고
잃었던 나의 길을 찾는다

커피는 〈시인적〉이다

커피의 맛은 쓰다.

그러나 그 맛을 알게 되면 맛과 향기에서 벗어나기 힘들다. 그래서 시인 괴테는 '커피를 시인적'이라 했다.

커피의 시작은 6~7세기경으로 알려졌다. 아프리카의 고대왕국인 아비시니아(현 에티오피아)의 야생종 커피가 기원이라고 보고 있다.

아비시니아의 양치기 칼디는 어느 날 양 떼가 빨간 열매를 먹은 후 흥분 상태가 되어 신나게 뛰어노는 모습을 보게 되었다. 칼디는 이상하게 생각하여 수도원 원장에게 전하였다. 원장은 그 열매를 따서 끓여 먹어 보니 기분이 상쾌해졌다. 제자들도 졸지 않고 기도에 전념하게 되었다. 이 소문이 각지에 전해져 여러 나라에서 먹게 되었다고 한다.

커피가 처음 문헌상으로 기록된 것은 서기 9백 년경이다. 아라비아의 내과 의사인 라제스의 의학서적에 기록되어 있다. 커피는 처음에는 음식으로 먹었으며 그다음에는 술, 의약품 등으로 쓰이다가 마침내 음료로 애용되었다.

그때가 11세기경이다.

키스는 〈시詩〉이다

키스! 그것은 세상의 으뜸이다.
와인 커피 꿀보다도 더 달콤함을 선사한다.
키스를 하면 인체의 29개 근육이 격렬히 반응한다. 치료의 효과도 가지고 있다. 엔도르핀 생산, 항생물질 생성 그리고 진통제의 효과도 있다. 9mg의 수분, 0.7g 알부민, 0.81g의 체내물질, 0,71g의 지방, 0.45g의 소금 그리고 250개의 박테리아를 교환한다고 한다. 땀을 뻘뻘 흘리는 운동보다 훨씬 효과가 크다는 것이다.
많은 영화에서 키스는 명장면으로 여운을 남기기도 한다.

바이런은 키스의 신비로움이 무한하기에 '키스는 시적'이라 하는 것이다.
사람들의 아픈 마음을 키스가 치유할 수 있으며 어린아이의 울음이나 고통도 달래주는 등 심리적이 치료 효과도 대단하다고 한다.
거리의 여자들은 절대로 키스를 하지 않는다. 그들은 사랑이 없이도 섹스는 할 수 있다고 생각한다. 그러나 키스는 사랑이 없이는 할 수 없다는 것이다.

키스는 최초의 사랑표현이기도 하다. 두 사람이 키스하는 순간 그들의 아름다운 추억과 미래를 선사하기에 더 아름답다는 것이다.

키스는 '사랑을 나누다'라는 뜻도 있다. 언어학자들은 키스하면 그 어떤 정력제보다 더 강한 자극을 받기에 '키스하다'를 '사랑을 나누다'와 동의어를 쓰인다고 주장을 한다.

그렇다. 키스는 에로틱하고 시적이다.

독산동 까치 떼

오랜 옛날 조선조 선대에 가난이 죄가 되어
세력에 밀리고 텃세에 쫓겨 묘지도 못사는
민둥산까지 돌아왔구나. 가난한
자만 힘 피는 시뻘건 황토로 돌아왔구나
새벽을 깨우며 이 땅에 까치 떼 되려
참과 땀을 황토에 묻었구나

십 년 백 년 흘러, 봄이 오고 찔레 순 돋아나고
가시나무 힘차게 피어나던 날
까치 떼 무리 져 떠나가고 돌아오고
이 땅에 행복이 충만해질 때
쪽바리 짱골라 양코쟁이 로스께
아, 대포를 쏘네. 흙탕물 뛰기네
멍들은 까치 떼들 내 집을 뺏겨
사랑도 남기고 한숨도 남긴 체
정들었던 그 황토 *독산동을 떠나가네

서글픈 까치 떼는 한의 유언 뿐

내 집으로 돌아가리라
내 집으로 돌아가리라

* 독산동 독산은 민둥산, 서울 소재

인사동 '나눔이 천국'

바람이 다정하게 얼굴을 감싸던 봄날
예스러운 식당 앞에 민들레가 피었는데
그 출입구 창문에 '만두 먹으러 오세요'
라는 문구가 있어 호기심으로 들어갔다

그날 오신 모든 손님에게 만두를 무료로
대접하는 중이었다. 민들레 모습으로
'오늘이 어머님이 돌아가신 지 1주년이 되는
날인데 감사하는 마음으로 대접하는 것이고요
어머님이 좋은 곳으로 가셨으면 하는 마음도
함께요'라고 하며 웃음이 얼굴에 가득하였다
갑자기 주위에 훈풍이 온몸을 감싸고 있었다

봄여름 지나 인사동 걷는데 외국 관광객으로
너무 많아 길이 막힐 정도였다 안 먹어도
배부르다고 생각하며 옆을 보니 그 만두집에 줄을
서 있는 것이었다 만두를 무료로 주는 날이란다
'딸이 취직했습니다 여러분 덕분에 공부를
시켜 좋은 회사에 입사했습니다 감사합니다'

'나눔이 천국'이라는 말이 가슴에 새겨지는 순간,
파란 하늘이 보인다. 아, 인사동은 행복이다!

시인 서근석은

* 종로에서 유년 시절을 보내고 '깊은 밤 시인이여' '동양문학 신인상'으로 등단하였고 현대시인협회, 국제펜클럽 이사, 한국문인협회에서 활동하며 서울대 총동창회 평생이사 등입니다.
* 방송 경력으로 mbc,kbs,sbs-tv 특강을 21차례 하였고 kbs-tv 〈체험 삶의 현장〉〈인간대학〉에 〈맛따라 길따라〉고정 출연, mbc-tv 〈주부가 세상을 바꾼다〉〈문화기행〉, sbs-tv 〈신바람 스튜디오〉 기타 다수 출연했습니다.
* 아주대 중앙대 등에서 강의를 했고.
* 저서 밥, 재미있는 중용 두 권의 베스트셀러 외
  시집 깊은 밤 시인이여, 오천 년 언덕에서 울었다
  　　　사랑1, 2, 편지, 시랑은 없다, 너,
  　　　사랑 그 흔적 없는 바람, 등입니다.